Extrait des Mémoires de la Société impériale d'Agriculture,
de Sciences et d'Arts, séant à Douai, tome VIIe, 2e série.

# FRAGMENTS DE PEINTURES

### DU XVIe SIÈCLE

PLACÉS EN JUILLET 1863 AU MUSÉE DE DOUAI.

# NICAISE LADAM

### CHRONIQUEUR DU XVIe SIÈCLE

### PAR M. AUGUSTE CAHIER

Membre honoraire de la Société,

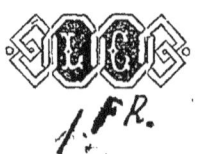

## DOUAI
LUCIEN CRÉPIN, IMPRIMEUR DE LA SOCIÉTÉ
52, Rue des Procureurs, 52
— 1864 —

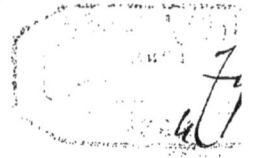

Extrait des Mémoires de la Société d'Agriculture, de Sciences et d'Arts de Douai, tome VII<sup>e</sup> de la 2<sup>e</sup> série.

# FRAGMENTS DE PEINTURES

## DU XVI<sup>e</sup> SIÈCLE

PLACÉS EN JUILLET 1863 AU MUSÉE DE DOUAI.

### NOTICE

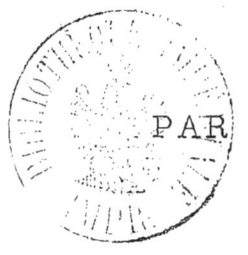

PAR M. AUGUSTE CAHIER

Membre honoraire de la Société.

Une heureuse découverte faite par un de nos collègues, que distinguent éminemment son goût et son discernement en matière d'art, a enrichi notre Musée d'un monument curieux à plus d'un titre.

M. Alfred Asselin, conduit dans un atelier d'artiste, à Arras, y remarqua des fragments de peinture qui attirèrent vivement son attention et lui parurent, malgré certaines dégradations dues aux injures du temps, avoir assez de valeur pour qu'il s'en constituât de suite acquéreur. Il reconnut bientôt qu'à ces peintures pouvait se rattacher un intérêt qui les rendait, sous plusieurs rapports, dignes d'une place dans une collection publique et que cette place c'était surtout à Douai qu'elles devaient la trouver. Il voulut donc bien en parler à la commission administrative du Musée, en offrant généreusement de céder son acquisition. Cette offre fut bien vite acceptée, et, à l'époque de la fête communale (12 juillet 1863), la commission a eu la satisfaction d'exposer un double tableau dont nous allons tenter d'expliquer l'importance.

Il s'agit d'un *tryptique* dont il n'a été malheureusement retrouvé que les volets et qui avait longtemps figuré dans l'église de *St-Jean en Ronville,* à Arras.

Arraché de la place où il reposait à l'époque à jamais néfaste où nos églises furent dévastées par l'irreligion et l'impiété, il avait beaucoup souffert, perdu son panneau central, représentant un sujet de piété que rien ne peut faire deviner maintenant et qui occupait un espace de 68 centimètres en largeur sur 88 centimètres de hauteur. Les deux volets, qui s'étaient égarés, on ne sait comment, jusqu'à Pontoise, d'où ils étaient revenus à Arras, pour y être enlevés par notre collègue à l'obscurité dans laquelle ils se perdaient, ont été soumis à une intelligente restauration (1) et maintenant ils se présentent au spectateur avec toute leur fraicheur première.

Nous avons parlé de l'importance qu'avaient pour nous ces peintures ; c'est ce que nous allons tâcher d'établir à un double point de vue : 1° en expliquant quels sont les personnages représentés ; 2° en remettant en lumière le nom du peintre.

---

(1) L'auteur de cette restauration est M. Horsin-Déon. Nommer cet artiste, c'est assez dire avec quelle conscience l'œuvre a été accomplie.

## I° DESCRIPTION.

### LES PEINTURES, LES PERSONNAGES.

La commission du Musée a cherché à reconstituer, autant que possible, l'ensemble du tryptique, à en rétablir l'agencement de manière à montrer exactement quelle était la disposition des fragments retrouvés.

**A.** La décoration extérieure est en grisaille. Placé devant le tryptique fermé, le spectateur voit d'abord : à sa gauche LA MORT, représentée sous la forme d'un corps décharné ; le crâne est encore garni de quelques touffes de cheveux ; le ventre entr'ouvert laisse voir les entrailles ; un linceuil, replié en draperies, s'enroule autour des membres inférieurs droits, passe sur la poitrine et flotte sur l'épaule gauche ; le personnage s'appuie de la main gauche sur une bêche de fossoyeur; et de l'index et du médius de la main droite montre sur la face antérieure du volet opposé une inscription en quarante-six vers, se détachant en caractères noirs très lisibles sur un fond blanchâtre, et dont voici la reproduction :

Précogitant que l'homme est serf à pourriture,
En ce tableau est mis du corps la pourtraiture
Auquel Dieu doint que l'âme au ciel repose,
Qui rhétorique aima fut en rime et en prose,
Par ses œuvres appert écrites en son temps,
Et qui se porront lire après sa mort cent ans.
Entre les fils sortis du premier père Adam,
Son nom et son surnom fut Nicaise Ladam.
Combien qu'en sa jeunesse on l'appela Songeur,

Roy d'armes fut créé par Charles l'empereur,
Auquel estat voulant augmenter son regnom
L'intitula *Grenade* en la cité de nom.
Les hauts princes servit en maints divers réames,
Bien exalta les corps desquels Dieu ait les ames.
Entr'autres chroniqueurs et historiographes
Fabriqua maint dictiers et plusieurs épitaphes.
Pérégrinant servit aux deux saints lieux, si comme
Saint Jacques de Galice et plusieurs fois à Rome,
Et premier que venist en son anchienneté,
Circuist la plus-part de toute chrestienté.
Sur quoy voyant venir son règne en décadence,
L'Empereur très illustre et tout plein de prudence,
Ordonna le susdit roy d'armes ordinaire
Demourer domestique et son pensionnaire,
Par mandement patent, scellé et signé,
Pour sa vie durant sur Flandres assigné ;
Et pour vivre de mieux, joindant à Dieu les palmes,
L'establit et commis son prévôt de Bapalmes,
Et portier du chasteaux audit lieu scitué,
Aux gages anchiens par droict institué.
Mais parce qu'en Arras conclud soit transporter,
D'estat du dit prévost se voulut déporter.
Deux femmes épousa, l'une Jéhanne Ricquart,
Et puis Claire Grarder ici mise à l'escart.
Trois fils et quatre filles acquist de sa première,
Puis après seulement ung fils de la dernière,
Si cinquante et six ans régna en mariage,
Et à octante-deux expira son éage,
L'an, le mois et le jour icy bas par écript,
Vœüilliez priez pour l'âme au benoist Jésus-Christ,
L'an mil cinq cents quarante et sept, bien se ramembre,

Au vingt-huitième jour et vray mois de septembre.
Le vray Dieu par sa grâce veüille à son ame aydier
Qu'elle puist face à face le voir à souhaitier,
Comme il en a mestier en lui étant propiche,
Afin que il puist être éternellement riche.

Afin de compléter les renseignements que nous rencontrons ici même sur le personnage dont nous venons de lire l'épitaphe, étudions les armoiries peintes au-dessus de ces vers : Elles sont : D'AZUR A TROIS GERBES D'OR LIÉES DE MÊME, A L'ÉCU EN ABIME D'ARGENT CHARGÉE D'UNE GRENADE DE SINOPLE, TIGÉE ET FEUILLÉE DE MÊME, OUVERTE DE GUEULES. Ce blason, entouré de lambrequins, est surmonté d'un casque de chevalier, ayant pour cimier la même grenade ouverte, d'où un oiseau tire des grains. La devise, formant une sorte de calembourg, est écrite : PLUCQUE BIEN. *Plucquer* est un mot du patois *Rouchi* qui signifie *becqueter*.

Une autre inscription en quatre vers se lit dans la partie supérieure du volet où figure le personnage de la mort. En voici les termes :

L'homme au monde que Dieu a mis,
Premier que le corps soit soubs lame,
Doit faire le salut de lame,
Car après mort ne a nuls amis.

**B.** Ouvrons les volets, examinons la peinture polychrôme ; nous savons déjà quel est le digne personnage qui nous apparaît à gauche : C'est Nicaise Ladam, roi d'armes de l'Empereur Charles-Quint, sous le nom de Grenade, prévôt de Bapaume, concierge-gouverneur du château de cette place, mort le 28 septembre 1547, à l'âge de quatre-vingt-deux ans, en la ville d'Arras, où il s'était retiré. Nous le voyons ici dans la maturité de l'âge, coiffé d'un tocquet de velours rouge, brodé d'or, les épaules couvertes d'un manteau orné de riches fourrures. Il est à genoux, les mains croisées, dans l'attitude de la prière. A l'annulaire et à l'indicateur de la main droite on remarque des bagues ; de l'une le chaton est en pierreries, à l'autre est une perle ; à son bras droit est suspendu un tabar en drap d'or, de forme triangulaire, sur lequel sont relevées les armes de l'Empereur son maître, et dont voici le détail :

On distingue sur ce tabar : l'aigle à deux têtes de sable, chargé en cœur d'un écusson divisé en six quartiers, au 1$^{er}$ écartelé de Castille (1) et de Léon (2), au deuxième mi-partie d'Aragon (3) et de Sicile (4); ces deux premiers quartiers entés de grenade (5) ; au troisième Autriche moderne (6), au quatrième Bourgogne moderne (7), au cinquième Bourgogne ancien (8), au sixième Flandre (9).— En cœur de ces quatre quartiers, un petit écusson mi-partie de Brabant (10) et de Tyrol (11).

---

(1) De gueules au château d'or sommé de trois tours, ausi d'or, massonné de sable, fermé d'azur.
(2) D'argent au lion de pourpre, couronné, lampassé et armé d'or.
(3) D'or à un pal de gueules, de quatre pièces.
(4) Ecartelé en sautoir, le chef et la pointe d'or, au pal de quatre pièces de gueules, les flancs d'argent, à l'aigle de sable, couronné d'or, membré de gueules.
(5) D'argent à une grenade de sinople, soutenue et feuillée de même, ouverte et grenée de gueules.
(6) De gueules, à la face d'argent.
(7) Semé de France, à la bordure componée et cantonnée d'argent et de gueules.
(8) Bandé d'or et d'azur de six pièces.
(9) D'or, au lion de sable, langué et armé de gueules.
(10) De sable, au lion d'or, lampassé et armé de gueules.
(11) D'argent, à l'aigle de gueule, couronné, becqué et membré d'or, chargé sur la poitrine d'un croissant, fleuronné de même.

Derrière Ladam se tient son écuyer, à genoux, revêtu, lui aussi, d'un manteau fourré de marte.

Vient ensuite, debout derrière Ladam, le Saint, son patron, Nicaise, évêque métropolitain de Reims au cinquième siècle, qui fut massacré par les barbares, à l'époque de la grande et funeste invasion de 407. Le saint prélat, en mémoire du supplice qu'il a subi, porte dans ses mains sa tête séparée du tronc, coiffée d'une riche mitre ; son bras droit soutient, non une crosse, mais une croix épiscopale.

Le fond du tableau est dominé d'abord par une roche, dont le pied est ombragé d'arbres verdoyants, puis ensuite s'étend un vaste paysage traversé par une rivière aux flots bleus.

A droite, sur le second volet, est, aussi à genoux en prières, une jeune femme au type flamand bien prononcé, à la physiononie bonne, douce, au sourire aimable : C'est Jéhanne Ricquart, la première femme de Ladam, celle qui lui donna sept enfants, trois fils et quatre filles. Sa coiffure, de la fin du XVe siècle, laisse à peine passer sur le front quelques boucles blondes, gracieusement arrondies : sa main gauche porte au petit doigt, à l'annulaire, à l'indicateur des bagues enrichies de pierreries. Sur la manche gauche de son vêtement, noir et sévère, se détachent des broderies rouges ; sa taille est pressée par une ceinture dorée, dont l'agrafe, de forme ovale, est ornée à son centre d'un brillant rubis ; à cette agrafe est suspendu un rosaire, dont les grains sont en corail ; debout, derrière Jehanne Ricquart est son patron, Saint Jean l'évangéliste, tenant de la main gauche un calice d'or, dont le pied est finement ciselé, et qu'il bénit de la main droite.

Claire Grarder, la seconde femme, ne figure pas ici

en personne. Elle est seulement représentée par sa patronne, Sainte Claire, fondatrice de l'ordre des Clarisses. Celle-ci tient à la main droite une crosse dont la tête, se courbant en une élégante volute, montre dans ses détails ces formes de feuilles de chou, qu'on retrouve si souvent dans l'ornementation de cette époque, à la main gauche un ostensoir d'or (1).

Le fond se compose de deux rochers escarpés, dont l'un est couvert d'habitations fortifiées. Entre ces deux vigoureuses masses une mince fissure laisse à peine entrevoir un horizon azuré.

**C.** Maintenant que l'on connaît notre tableau, quelques mots sur celui qui y figure principalement ne seront pas, ce nous semble, hors de propos.

Nicaise Ladam était né à Béthune en 1466; il paraît avoir commencé de bonne heure, vers 1488, c'est-à-dire à l'âge de vingt-deux ou vingt-trois ans, à recueillir sous formes de chroniques, tantôt en prose, tantôt en vers, quelques-uns des événements de son temps; et, ainsi qu'on l'a vu plus haut :

> Entr'autres chroniqueurs et historiographes,
> Fabriqua mains dictons et plusieurs épitaphes.

---

(1) Cet ostensoir dans la main de Sainte-Claire rappelle le fait suivant :
Des troupes de l'empereur Frédéric II, en guerre avec le Pape Innocent IV, avaient pénétré dans la vallée de Spolète et fondu sur la ville d'Assises : un parti d'archers sarrazins envahit le couvent que gouvernait Sainte-Claire et porte l'épouvante parmi les religieuses; Claire rassure ses filles et, souffrante, se fait, précédée du corps du saint des saints, porter à la porte du couvent, devant l'ennemi. En sa présence elle invoque avec larmes la puissance du seigneur, qui à l'instant se manifeste par la mise en fuite des sarrazins, saisis d'une terreur soudaine.
Sainte-Claire, née en 1193, mourut en 1253.
Voir à la suite de cette notice extrait détaillé des Bollandistes.

Il reçut dès sa jeunesse le surnom de songeur. S'il fallait en croire le père Ménétrier *(Recherches du blason t. I*ᵉʳ*, de l'usage des armoiries,* p. 145 et suiv.) Ce surnom serait venu à notre chroniqueur « de ce qu'il aurait inventé quan-
» tité de fables et mensonges héraldiques. » Nous nous permettrons tout à l'heure de discuter cette interprétation qui, à nos yeux, est extrêmement contestable.

Il n'est d'ailleurs pas resté enseveli dans l'oubli : plusieurs polygraphes ont cité son nom et les manuscrits qu'il a laissés.

Sanderus (biblioth. des Mss. de la Belgique, t. 1ᵉʳ p. 200), Foppens (t. 1ᵉʳ p. 560), le père Ménétrier, que nous avons déjà rappelé, M. Weis dans la biographie universelle, t. 23, p. 90 ; — en Belgique M. de Reiffenberg (*commission d'histoire,* t. 5 p. 33), M. Gachard, se sont occupés de notre chroniqueur, et de certains manuscrits étant aux mains de divers possesseurs ; les *Archives historiques du du Nord de la France et du midi de la Belgique,* t. 3ᵉ de la 2ᵉ série, p. 461, contiennent une analyse faite par M. Aimé Leroy d'un manuscrit reposant dans la bibliothèque de Valenciennes, lequel pourrait bien être le plus complet de tous, commençant à 1488, et allant au de-là de 1542. — M. Leroy fait avec raison observer que ce qu'il faut chercher dans Ladam, ce sont surtout quelques faits historiques, car, comme versificateur, c'est le dernier des manœuvres.

Voici les premières strophes de ce manuscrit :
1488. En l'an mil quatre cens et quatre vingtz et huit,
    De pécune et de sens ne trop plain ne trop wit,
    Ayant vingt et deux ans, de bien petite estime
    A Rome fus du temps pape Innocent huitième.

Flandres voit renommer Hesdin, Aire et Béthune,
Arras et St-Omer, en leur bonne fortune ;
France les entretiens avec force de vivres,
Et Tournay ne retient que famine en ses livres.
Les Flamens sont troublés de guerre et de famine,
Leurs villes n'ont nulz bledz, quy leur cause famine:
France de tous costez fait clorre les passages,
Pour lesquels faits notés, Flamens ne sont point sages.
Sur ses frontières ils ont trois villes desbauchies,
Quy dénommer ce sont Douay, Lille et Orchies.
Ils sont couchés sur foin, ils n'ont nulles garbées (1)
Vont regrettant leur fain, bailant à gueules bées.

Le métier d'annaliste et chroniqueur suivant la cour ne paraît pas avoir été toujours très fructueux pour Ladam, car on le voit, en 1533, quittant l'Espagne, ainsi que beaucoup de princes et seigneurs de la cour de Charles-Quint, et se plaignant de sa situation dans les termes que voici :

1533. Je me vois en Arras, viel, povre et misérable,
Faible comme un vieil ras en viélesse incurable,
De tous biens à foison quy me sont hors de veue,
Une bonne maison en serait bien prourveue.
Pourveu ou improuveu, Dieu me doint pacience !
Priant qu'il me soit veu à mon trépas science.
Fy d'argent et d'or fin ! d'honneur et d'avarice
Ne me chault en la fin ; mais que l'ame soit riche.
Adieu mon tamps jadis, plaisirs et accolades,
Chants royaulx et beau ditz, chansonnette et ballades,
Adieu pour mon congé ! Louenge au roi de gloire !
Mon chronique abrégé j'ai volu ycy clorre.

(1) Gerbes.

Il avait 67 ans lorsque s'échappaient de son âme ces vers empreints de naïveté et d'une piété touchante. Il est à présumer que Charles-Quint fut informé de la détresse de son roi d'armes, de son fidèle GRENADE, et que ce fut alors qu'il le nomma son prévôt-concierge de Bapaume. Bientôt le vieux chroniqueur oublie sa résolution. Il reprend à cette même année 1533 ses annales versifiées :

J'ai conclud, néanmoins raison me veut contraindre
De réveiller mes mains et ma langue destraindre,

Et il recommence ses annotations, — parmi lesquelles il y aurait pour nous à remarquer : *passage de l'Empereur par la France pour retourner d'Espagne aux Pays-Bas,— l'entrée de Charles-Quint à Paris;* de longs détails à ce sujet.

La chronique analysée par M. A. Leroy, se termine à l'année 1542 par des plaintes sur les malheurs de la guerre, qui accablent le peuple que l'auteur appelle *Bonhomme* ; nous n'on citerons que deux strophes :

Les gens d'honneur jadis trouvoie en ma jeunesse,
Mais en faits et en dits pour le présent quy esse ?
Que prouffite un Dieu gard (1) avec la capsonade ? (2)
Mieux vaudrait un regard au *pluque bien grenade*.

Avarice est au guet, les limites sont sèches :
L'or se prant au biguet (3) par le Dieu des richesses ;
Aucuns particuliers sont hors de république,
Leurs prouffitz singuliers pluquent (4) le bien publique.

(1) Dieu vous garde.
(2) Poignée de main.
(3) Fléau d'une balance en *rouchi*.
(4) Becquetent.

On a remarqué comment dans la première stance Ladam se désigne par la devise que nous connaissons, nous, par notre tryptique : M. Leroy, avec beaucoup de sagacité, explique que ces deux mots *plusque bien grenade*, qui se rencontrent plusieurs fois dans la chronique, *paraissent être la devise de l'auteur*. Les armes peintes au-dessus de l'inscription de notre tryptique prouvent que M. Leroy avait bien deviné.

Ladam avait donc atteint sa 77ᵉ année lorsqu'il se décida à laisser reposer sa plume. Il vécut encore cinq ans, et s'éteignit, comme nous l'apprend son épitaphe, à l'âge de 82 ans, le 28 septembre 1547. Il fut enterré en l'église de St-Jean en Ronville d'Arras, et, dans la chapelle qui contenait sa sépulture, fut placé le triptyque où longtemps auparavant il avait été peint avec sa première femme.

**D.** Il n'est pas resté seulement de Nicaise Ladam des manuscrits plus ou moins complets; les amateurs de curiosités bibliographiques citent de lui des productions imprimées fort rares et très recherchées,—qui ont été publiées sous le pseudonyme de *le Songeux* ou *le Songeur*, par nous précédemment indiqué. Leur mérite est de se rapporter à des faits historiques contemporains. En voici la liste donnée dans *les Archives historiques* (t. 5ᵉ, 3ᵉ série, page 423) :

1. Mémoire et épytaphe de feu de bonne mémoire très-haut, très-puissant et très-redoubté prince Domp Fernande Roy de Castille, de Léon, de Grenade, d'Arragon, etc. faict par le *Songeur*. Imprimé à Anvers par Michiel de Hoochstraten (sans date, mais vers 1516, époque de la mort du roi Ferdinand) pet. in-fol. goth. fig. en bois.

2. Le double des lettres que le grand turc écript à mon-

sieur le grand maître de Rotes, composé par *Songeur* dit Béthune, pour Antoine Membru, libraire (sans date), in-4° goth. 4 f^os fig. en bois.

3. Epytaphe de feu... très illustre empereur Maximilien d'Autriche (sans lieu, ni date, vers 1519) in-4° de 2 f^os.

4. Le joyeaux recueil de le élection impérialle au magnifique honneur de très haut.... prinche Charles V, roi des Espaihnes (sans date, vers 1519), imprimé pour Antoine Membru, libraire de la Croix-Saint-Andrieu, in-4° gothique, 4 f^os. — Ce sont quatorze strophes de huit vers chacune, composées à l'occasion de l'élection de Charles-Quint comme empereur d'Allemagne. La dernière strophe porte la date du 30 juin 1519.

C'est l'adoption par Ladam lui-même de ce pseudonyme de *Songeur* placé à la tête de publications faites de son vivant qui nous a donné à réfléchir sur l'explication qu'en hazarde le Père Ménétrier. On l'a vu plus haut, « *ce surnom lui vint de ce qu'ils inventa quantité de fables et mensonges héraldiques.* »

Nous aurions compris que ce surnom eut été, dans le sens fourni par le Père Ménétrier, infligé à N. Ladam, quand nulle réclamation de sa part ne pouvait plus le détruire, mais que, de son vivant, il se soit laissé ainsi affubler d'une qualification qui eut été peu honorable, si elle avait eu la signification que lui attribue le P. Ménétrier, c'est ce que nous ne pouvons admettre.

Ferdinand-le-Catholique meurt en 1516, laissant ses possessions à son petit-fils. Ladam compose l'épitaphe de ce prince et la fait imprimer sous son pseudonyme de *Songeur*.

En admettant, ce qui ne nous paraît pas aisé, qu'il ait été attaché comme héraut à la personne du fils de Philippe-le-Beau dès les premiers temps (1506) où Charles, âgé de six ans, avait reçu de son père les domaines de la maison d'Autriche et ceux de la maison de Bourgogne, aurait-il eu bien le temps, de 1506 à 1516, de composer et surtout de laisser percer assez de fables et de mensonges héraldiques pour justifier l'explication que nous contestons ?

Nous ne le pensons pas, et si, comme le doivent faire supposer toutes les probabilités, c'est après 1516 et son avènement au trône des Espagnes, que Charles-Quin créa Nicaise Ladam son héraut d'armes, position où celui-ci put se donner l'agrément d'inventer de prétendues fables héraldiques, que devient cette explication d'un surnom déjà accepté depuis longtemps, déjà assez connu pour signaler au public l'auteur de l'épitaphe de Ferdinand ?

Non; à notre avis, il ne faut point faire de Nicaise Ladam un menteur, un fabricateur de fables héraldiques ; son nom de *Songeur* lui avait été plutôt donné à cause de ses habitudes réfléchies. L'homme qui, dès l'âge de vingt-deux ans, prend à tâche de recueillir, de noter les événements contemporains, devait porter partout où il se montrait une attitude observatrice : ce qu'il voyait, ce qu'il entendait, ce que lui fournissaient les réponses à ses questions, tout cela devenait l'objet de ses méditations ; il *songeait incessamment à son œuvre* et sa physionomie reflétait aux yeux de tous le travail de sa pensée..... Ainsi tout naturellement était-on arrivé à appeler *le Songeur* le jeune homme constamment absorbé par ce travail ;

« ..... En sa jeunesse on l'appela Songeur »

(9e vers de l'épitaphe.)

Peut-être nous faisons-nous illusion, mais, quand nous étudions le portrait authentique actuellement possédé par le Musée de Douai, il nous semble retrouver profondément accusée dans les traits, dans ces yeux un peu voilés, l'empreinte de ces habitudes réfléchies ou songeuses, qui caractérisaient dès sa jeunesse le futur roi d'armes du puissant empereur.

Nicaise Ladam avait reçu la sépulture dans l'église de St-Jean-en-Ronville, à Arras. Là, sans doute au-dessus de sa tombe, avait été placé le tryptique dont il n'existe plus que nos deux fragments ; c'est là que le P. Ménétrier déclare avoir trouvé l'épitaphe qu'il publie *(Loco citato)*, et qui n'est pas autre que celle reproduite ci-dessus page 3.

## II°.—A QUI DOIT ÊTRE ATTRIBUÉ CE TRYPTIQUE.

**A.** Tout le monde sait maintenant quelle est la valeur de l'admirable polyptique légué à notre église de Notre-Dame par feu le docteur Escallier (1). Personne n'ignore plus que, grâce à la découverte faite le 20 avril 1862, dans la bibliothèque de Bourgogne par le savant archiviste belge Wauters, aux recherches complémentaires dont le résultat est exposé, par M. A. Preux, dans les *Souvenirs de la Flandre-Wallonne,* t. IIe, p. 81 et suivantes, aux ingénieuses et solides déductions publiées par M. Asselin dans le journal l'*Indépendant de Douai,* 1862, n[os] 62 et 64, il est désormais établi que ce merveilleux rétable a été peint par JEHAN BELLEGAMBE, surnommé le MAITRE

---

(1) V. *L'art chrétien dans les Flandres,* par l'abbé C. Dehaisnes, p. 313 et suivantes.

des Couleurs, qui était né et florissait à Douai dans la première moitié du XVIe siècle.

Voici comment, à propos des fragments où figure Nicaise Ladam, s'exprime un critique autorisé :

« Un simple coup d'œil sur les deux volets intérieurs
» suffit pour rappeler d'une manière frappante les tableaux
» de Douai attribués à Jean Bellegambe. Le saint Jean
» nous rappelle celui du polyptique d'Anchin par la pose
» et le calice symbolique. Une frappante analogie existe
» entre le commettant du tableau du musée Colart Pottier
» et Nicaise Ladam ; même mouvement, même costume
» à peu près, sauf la tocque qui recouvre la tête de Ni-
» caise Ladam et le grand baudrier armoirié qui doit
» supporter les armes d'Espagne. L'aigle d'Allemagne qui
» sert de fond à ce blason nous reporte par la pensée
» vers le Charlemagne du rétable d'Anchin. Quant à
» Jeanne Ricquart, représentée vis-à-vis de son mari, nous
» pouvons la comparer avec non moins de raison avec la
» femme de Colart Pottier que, jusqu'à preuve contraire,
» nous considérons comme le commettant du tryptique
» de l'Immaculée-Conception.

» Ces analogies importantes des personnages, nous les
» retrouvons dans les moindres détails, soit des costumes,
» soit des ornements. L'étoffe du vêtement de St-Nicaise
» rappelle la chappe de Jacques Coëne (tabl. de M. Tesse) (1)
» et celle de plusieurs personnages du rétable d'Anchin.
» La crosse de Ste-Claire est traitée de la même manière
» que celle du polyptique de Notre-Dame ou des volets de
» notre Musée. La boucle de ceinture de Jeanne Ricquart

---

(1) V. De *l'Art chrétien dans les Flandres*, p. 346.

» et le chapelet qu'elle retient sont presque identiquement
» reproduits dans ces diverses peintures (1). »

(*Indépendant* du 1er juillet 1862.)

Nous aussi, quand nous comparons les peintures polychromes du tryptique de Saint-Jean-en-Ronville avec le polyptique de Notre-Dame de Douai, nous y reconnaissons la même sobriété dans la manière et dans les effets, le même coloris, un peu froid, mais suave et harmonieux, la même richesse, la même solidité dans les tons, la même finesse exquise dans les détails (V. la mitre de saint Nicaise, les ornements de sa chape, sa croix, le calice porté par saint Jean, la crosse, l'ostensoir portés par sainte Claire, les bijoux de Ladam et de sa femme, etc.); comme tous les détails se confondent merveilleusement dans l'ensemble ainsi que dans les peintures qui nous servent de comparaison ! (V. également au Musée les fragments du tryptique de l'Immaculée-Conception.) (2)

**B.** Toutefois il convient de distinguer entre les peintures qui brillent sur la face interne de nos volets et celles qui décorent la face externe. Le portrait de Ladam, celui de Jehanne Ricquart ont été peints du vivant de notre chroniqueur, après qu'il eut dépassé la cinquantaine, mais pas beaucoup au-delà. Nous le voyons, en sa qualité de hérautroi d'armes de Charles-Quint, arborer les armoiries, non seulement d'Autriche, de Bourgogne et de Flandre, mais aussi celles de Castille, de Léon, d'Aragon, de Sicile et de Grenade ; or, ce fut en 1516, après la mort de son aïeul Ferdinand, que Charles réunit en sa main les royaumes des Espagnes aux domaines de la maison d'Autriche et de la maison de Bourgogne ; donc le tabar que porte Ladam à son bras droit indique que son portrait a dû être peint après

(1) *Recherches sur l'Art à Douai aux XIVe, XVe, et XVIe siècles, et sur la vie et les œuvres de Jehan Bellegambe*, par MM. Asselin et Dehaisnes.
(2) V. Description de ce rétable dans les Mémoires de la Société, t. IVe, 2e série.

1516; mais, en même temps, sa physionomie est celle d'un homme ayant atteint tout au plus cinquante et un à cinquante-trois ans, d'où il suit que ce serait de 1517 à 1520 qu'aurait été peint ce portrait. Ladam l'aura probablement fait faire peu de temps après qu'il avait été choisi pour roi d'armes par le jeune empereur, avec le titre de *Grenade*. Il s'est fait représenter, rendant grâces à Dieu de cette faveur insigne. Il plaçait en même temps vis à vis de lui l'excellente et féconde épouse, dont les enfants faisaient la gloire et la joie de son foyer, et que déjà il avait perdue. Si l'existence de sa seconde femme n'est constatée ici que par la représentation de la patronne de celle-ci, ne serait-ce point, sous un premier rapport, parce qu'il était bien difficile de mettre les deux épouses, la morte et la vivante, à côté l'une de l'autre, et ensuite parceque Claire Garder n'avait point encore été mère de ce fils qui fut le fruit unique de cette seconde union ?

En rapprochant la date de 1517 à 1520 des documents réunis dans les *Souvenirs de la Flandre Wallonne*, on voit que c'était l'époque à laquelle le talent du *maître des couleurs* devait se manifester dans toute cette force, dans tout cet éclat dont nous possédons les splendeurs, tant dans ces fragments que dans ceux du *dyptique de l'Immaculée-Conception,* et surtout dans le prodigieux poème divin conservé dans l'église de Notre-Dame.

Malgré des retouches et la perte si regrettable du panneau central, on retrouve dans les fragments du tryptique de Saint-Jean-en-Ronville le dessin ferme, le coloris chatoyant, la finesse d'exécution qui distinguent Jean Bellegambe. Rien ne s'oppose d'ailleurs, comme le font observer MM. Asselin et Dehaisnes (1), à ce que le grand artiste

(1) Recherches sur l'Art à Douai au XVe, XVIe siècles, etc.

douaisien ait été mis en réquisition pour travailler à Arras, ville voisine, où habitait une de ses sœurs, mariée à un nommé Philippe Taube.

**C.** Quant à la face externe de nos volets, il est évident qu'elle a été peinte après la mort de Ladam. Par quel artiste ? C'est ce que nous n'avons pu découvrir encore.

Quel qu'il fût, cet artiste n'était pas sans talent. Il y a de l'énergie dans la manière dont est posée cette mort, dont est étendu le bras qui montre l'épitaphe, de la hardiesse dans ce suaire enroulé sur les hanches. Dans certains détails, où l'horreur est traitée avec une complaisance sensible, on retrouve les inspirations de l'école espagnole. Il n'y aurait peut-être pas beaucoup de témérité à attribuer ces peintures à un élève de Louis de Moralès : on sait que, travailleur minutieux, Moralès apportait dans la reproduction de la nature un soin prodigieux, que les barbes et les cheveux de ses personnages sont, quand on les examine à la loupe, d'un détail, d'un fini surprenants ; or, ne trouve-t-on pas quelque chose de cela dans ce cadavre ambulant et dans ces touffes de cheveux dont la tête est entourée comme d'une sombre couronne?

En l'état actuel de nos recherches, nous ne pouvons pousser plus loin nos conjectures, dont nous abandonnerons d'ailleurs l'appréciation à de plus expérimentés connaisseurs.

*Extrait du Recueil* DES BOLLANDISTES, *tome II<sup>e</sup> du mois d'août, page 759, n<sup>os</sup> 21 et 22. 12 août.*
*De S<sup>â</sup> Clarâ Virgine, prin. â S<sup>ti</sup> Francisci discipulâ, Assisii in Umbriâ.*

Illâ tempestate quam sub imperatore Frederico in diversis mundi partibus sustinebat ecclesia, vallis Spoletana de calice iræ frequentius imbibebat. Erant in eâ pro depopulatione castrorum, pro civitatum expugnatione, imperiali jussu constitutæ acies militum, et saracenorum sagittariorum examina velut apum. Cumque in Assisium, peculiarem domini civitatem, semel furor irrueret, et jam ipsis portis exercitus appropinquaret, Saraceni, gens pessima, qui sanguinem sitiunt christianum, et omne nefas impudentius audent, apud sanctum Damianum intrà loci terminos, immò intra claustrum virginum, confluxerunt. Liquescunt dominarum corda timoribus, tremunt formidine, verba et ad matrem referunt fletus suos. Quæ impavida corde, se infirmam ad ostium duci jubet et antè hostes poni, præcedente eam capsâ argenteâ, intrà ebur inclusâ, in quâ sancti sanctorum corpus devotissimè servabatur. Cumque se totam in oratione coram domino prostravisset, Christo suo cum lacrymis ait : Placet mi domine, inermes ancillas tuas, quas tuis amoribus nutrivi, manibus, ecce, tradere paganorum? Custodi, Domine, precor, has famulas tuas, quas ipsa in præsenti articulo servare non possum. Mox, de novæ graciæ propitiatorio vox quasi pueruli ad ejus aures insonuit: Ego vos semper custodiam. — Mi domine, ait, et hanc, si placet, protege civitatem, quia nos pro tuo amore sustentat, et Dominus ad eam : Gravamina sustinebit, sed meâ protectione tuâque intercessione defendetur; tunc virgo lacrymosam erigens faciem, flentes confortat dicens : fidejubo vobis, filiolæ, quid nihil patiemini mali; tantum in Christo confidete. Nec mora : statim canum illorum repressa pavescit audacia, et per muros, quos ascenderant, celeriter exeuntes, orantis virtute deturbati sunt. Confestim Clara illis, quæ vocem prædictam audierant, studiosè interminatur, dicens : cavete per omnem modum, charissimæ filia, ne vocem illam, dum corpus ago, cuiquam reseretis.

---

Imprimé chez L. CRÉPIN, rue des Procureurs, 32, à Douai.

DOUAI. — L. CRÉPIN, IMPRIMEUR DE LA SOCIÉTÉ D'AGRICULTURE.

www.ingramcontent.com/pod-product-compliance
Lightning Source LLC
Chambersburg PA
CBHW051532240526
45471CB00019B/1319